BEI GRIN MACHT SICH I
WISSEN BEZAHLT

- Wir veröffentlichen Ihre Hausarbeit,
  Bachelor- und Masterarbeit

- Ihr eigenes eBook und Buch -
  weltweit in allen wichtigen Shops

- Verdienen Sie an jedem Verkauf

Jetzt bei www.GRIN.com hochladen
und kostenlos publizieren

Matthias Neuwersch

David gegen Goliath - Node.js vs. PHP. Serverseitige Programmierung im Vergleich

GRIN Verlag

Bibliografische Information der Deutschen Nationalbibliothek:

Die Deutsche Bibliothek verzeichnet diese Publikation in der Deutschen National-bibliografie; detaillierte bibliografische Daten sind im Internet über http://dnb.d-nb.de/ abrufbar.

Impressum:

Copyright © 2014 GRIN Verlag GmbH
Druck und Bindung: Books on Demand GmbH, Norderstedt Germany
ISBN: 978-3-656-70265-8

Dieses Buch bei GRIN:

http://www.grin.com/de/e-book/276829/david-gegen-goliath-node-js-vs-php-server-seitige-programmierung-im

Fachhochschul-Bachelorstudiengang
KOMMUNIKATION, WISSEN, MEDIEN
4232 Hagenberg, Austria

David gegen Goliath – Node.js vs. PHP
Serverseitige Programmierung im Vergleich

Bachelorarbeit
Teil 2

zur Erlangung des akademischen Grades
Bachelor of Arts in Social Sciences

Eingereicht von

Matthias Neuwersch

Hagenberg, Januar 2014

Erklärung

Ich erkläre eidesstattlich, dass ich die vorliegende Arbeit selbstständig und ohne fremde Hilfe verfasst, andere als die angegebenen Quellen nicht benutzt und die den benutzten Quellen entnommenen Stellen als solche gekennzeichnet habe. Die Arbeit wurde bisher in gleicher oder ähnlicher Form keiner anderen Prüfungsbehörde vorgelegt.

Datum,   Unterschrift

Kurzfassung

Am Markt der serverseitigen Web Technologien gibt es seit 2009 einen neuen Mitstreiter. Node.js, ein Framework für serverseitige Verwendung von JavaScript, konkurriert dabei direkt mit dem Marktführer PHP. Während PHP eine serverseitige Programmiersprache ist, ist Node.js vielmehr eine Serverumgebung, die JavaScript als Skriptsprache heranzieht. JavaScript ist eine eventgesteuerte Programmiersprache, die prototypenbasierte, objektorientierte Programmierung ermöglicht. Dadurch lassen sich asynchrone Ein- und Ausgabemodelle umsetzen, die bei vielen gleichzeitigen Verbindungen wesentlich effizienter arbeiten als synchrone Modelle. Durch die nicht blockierenden Sockets fallen Wartezeiten weg, was dem Server ermöglicht, mit einem Vielfachen an zeitgleichen Anfragen besser umgehen zu können. Durch die eventgesteuerte Ausrichtung von JavaScript lassen sich Push-Features sehr einfach umsetzen. PHP hingegen ermöglicht klassenbasierte, objektorientierte Programmierung. Da in PHP keine Mehrfachvererbung erlaubt ist, fällt in Programmen, die mit PHP entwickelt werden, das Risiko des Diamond Problems weg. Da PHP weniger Zugriffsrechte am Server benötigt, ist es zum heutigen Zeitpunkt einfacher, einen geeigneten Host für PHP Applikationen zu finden, als es für Node.js der Fall ist. Zusätzlich müssen sich Entwickler mit PHP nicht um die Aufgaben des Servers kümmern. Um herauszufinden, welche Technologie für ein Web Projekt geeigneter ist, wurde ein Entscheidungsbaum entwickelt, der in der Anfangsphase eines Projektes für die Technologieentscheidung herangezogen werden kann.

Abstract

In 2009, a new competitor entered the market of server side web technologies. Node.js, a framework for server side usage of JavaScript, is competing directly with PHP – the market leader. While PHP is a server side programming language, Node.js acts rather as a server environment using JavaScript as a scripting language, than just being a programming language itself. JavaScript is an event driven programming language supporting prototype-based, object-oriented programming. Thus, since there are no queue times due to non-blocking sockets, asynchronous I/O models, which handle many concurrent connections much more efficiently than synchronous models do, can be implemented easily. Push-Features may easily be implemented due to the event driven paradigm provided by JavaScript. In contrast, PHP supports class based, object-oriented programming. Since PHP does not support multiple inheritance, the diamond problem won't appear in PHP-implemented programs. PHP requires fewer access rights on a web server. This is why it's easier to find an appropriate host for PHP applications than for applications running on Node.js nowadays. Additionally, PHP developers do not have to care for tasks concerning the server. To be able to estimate the better technology for a web project at its very beginning, a decision tree was invented to compare certain criteria of web projects and suggest to use either Node.js or PHP.

Inhaltsverzeichnis

Abbildungsverzeichnis

1 Einleitung

Im Folgenden werden die Motivation und Ziele der vorliegenden Arbeit, eine Hypothese, sowie ein Überblick über den Aufbau der Arbeit gegeben.

1.1 Motivation

In der Webprogrammierung unterscheidet man zwischen „server side" und „client side" Programmierung. Während es bei der klientenseitigen Webprogrammierung überwiegend um Interaktionsmöglichkeiten geht, behandelt die serverseitige Webprogrammierung vorwiegend die Bereitstellung von Daten, die meistens auf einer Datenbank liegen (Puntambekar, 2009). Zur serverseitigen Programmierung eignen sich mehrere Programmiersprachen. Dabei hat sich in den letzten 20 Jahren PHP deutlich durchsetzen können. Neben PHP gibt es weitere serverseitige Programmiersprachen wie ASP[1], Java[2], Perl[3], Python[4] und viele andere. Die meisten dieser Technologien teilen die Idee, dass ein Server etwas ist, das Anfragen empfängt und Antworten sequentiell ausfertigt (Dahl, zitiert nach Hughes-Croucher und Wilson, 2012). Diese Idee lässt einen Server stets reagieren, aber nicht agieren. Für moderne Webanwendungen sollen Server aber mitunter auch Daten „pushen", also initiativ aussenden, um beispielsweise Benachrichtigungen ohne Verzögerung zu übermitteln. Wegen der weltweit zunehmenden Vernetzung müssen Server zudem mit einer Vielzahl an Klienten gleichzeitig kommunizieren, ohne diese dabei lange auf ihre Antworten warten zu lassen.

JavaScript, welches bisher Bekanntheit als klientenseitige Programmiersprache erlangte, auch serverseitig zu verwenden, ist ein Ansatz, der diesen Problemen entgegentreten soll (Dahl, zitiert nach Hughes-Croucher und Wilson, 2012). JavaScript ist eine eventbasierende Programmiersprache und kann daher hervorragend mit solchen Anforderungen umgehen. Node.js[5] macht sich diese

---

[1] .NET-Fähige Programmiersprache von Microsoft. Mehr Information unter: http://www.asp.net
[2] Veröffentlicht von Oracle. Mehr Information unter: http://www.oracle.com/technetwork/java/
[3] Mehr Information unter: http://www.perl.org
[4] Mehr Information unter: https://www.python.org
[5] Mehr Information unter: http://www.nodejs.org

Eigenschaften von JavaScript zu Nutze und stellt eine umfangreiche Bibliothek für moderne, leistungsfähige Webentwicklung dar. Exzellente Skalierbarkeit und einfach umzusetzende Push-Aktionen sind das Ergebnis. Das vergleichsweise junge Framework ist somit ein vielversprechender Trend, der die serverseitige Webentwicklung maßgeblich verändern und somit PHP große Konkurrenz machen kann.

1.2 Ziele und Hypothese

Diese Arbeit vergleicht PHP und Node.js in unterschiedlichen Kategorien. Ziel der Arbeit ist es, eine Entscheidungshilfe zur Wahl des optimalen Technologiesetups für einzelne Webprojekte aufgrund der gewonnenen Erkenntnisse zu erstellen. Dazu werden die jeweiligen Stärken und Schwächen von PHP und Node.js erarbeitet und unterschiedlichen Kriterien von Webprojekten zugeordnet. Diese Ergebnisse werden dann in einem Entscheidungsbaum verarbeitet, welches eine rasche und einfache Entscheidungshilfe für Webentwickler darstellen soll. Ein weiteres Ziel ist die Überprüfung der nachfolgenden Hypothese.

> *„Es besteht die Annahme, dass sich Node.js für interaktive Anwendungen im Web 2.0 mit vielen Besuchern und vielen gleichzeitigen Datenbankanfragen besser eignet als PHP. Aufgrund der höheren Kosten und der geringeren Reife von Node.js wird für kleinere, weniger interaktive und nicht kommerzielle Webprojekten PHP zu bevorzugen sein.“*

1.3 Aufbau der Arbeit

Abschnitt 2 bietet eine Einführung in die Grundlagen und Begriffsbestimmungen, die zum Verständnis der weiteren Abschnitte vorausgesetzt werden. Im dritten Abschnitt werden PHP und Node.js in mehreren Kategorien verglichen. Im vierten Abschnitt wird mit den Ergebnissen des Vergleiches eine Entscheidungshilfe in Form eines Entscheidungsbaumes erstellt. Dabei werden das Ziel, die Herangehensweise sowie das Ergebnis ausführlich beschrieben und die Hypothese überprüft. Der fünfte Abschnitt behandelt die Zukunftsaussichten der Thematik. Dabei werden Punkte für weiterführende Arbeiten aufgezeigt.

2 Grundlagen und Begriffsbestimmungen

Das folgende Kapitel dient zur Einführung in die Grundlagen der Thematik sowie zur Erläuterung verwendeter Begriffe. Diese dienen zum besseren Verständnis der behandelten Themen. Hierin gesetzte Schwerpunkte werden in den weiteren Kapiteln nicht näher erklärt.

2.1 Serverseitige Programmierung

Der Großteil aller bestehenden Webanwendungen wurde mit PHP als serverseitiger Programmiersprache entwickelt (Siehe Abbildung 1 – Request Response Verfahren). Nach aktuellem Standard wird dabei häufig nach dem „Request-Response" Verfahren vorgegangen: Ein Klient, z.B. ein Webbrowser, sendet eine Anfrage (Request) an einen Webserver. Der Server verarbeitet die Anfrage, führt die nötigen Interaktionen mit einer Datenbank aus (Löschen, Hinzufügen oder Abfragen von Daten) und liefert dem Klienten schließlich eine Antwort (Response). Der Klient muss diese Antwort nun noch in eine für den Benutzer lesbare Form bringen (Puntambekar, 2009).

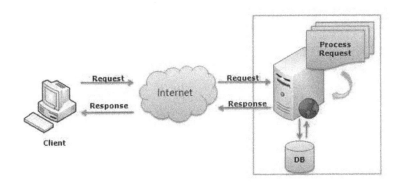

Abbildung 1 - Request Response Verfahren
Quelle: http://p2gohil.blogspot.co.at/2012/07/aspnet-request-processed-by-iis.html [23. Mai 2014]

Die Serverseitige Programmierung beschäftigt sich demnach mit allen Operationen, die der Server ausführen muss, um einem Klienten die gewünschten Antworten (Daten) zu liefern. Dabei gibt es zwischen den einzelnen

[3]

Programmiersprachen sowohl Unterschiede als auch Gemeinsamkeiten. Eine Gemeinsamkeit der im Serverbereich meistverwendeten Programmiersprachen sind standardmäßig blockierende Ein- und Ausgabevorgänge, die Verbindungen bis zum Erhalt der angefragten Daten oder bis zu einer Zeitüberschreitung aufrecht halten und für diesen Zeitraum blockieren (Dahl, zitiert nach Hughes-Croucher und Wilson, 2012). Auch der Marktführer PHP arbeitet auf diese Weise.

2.1.1   PHP

PHP ist eine serverseitige Programmiersprache, die speziell für die Web-Entwicklung ausgelegt ist. Auf der eigenen Homepage, www.php.net, wird sie wie folgt beschrieben: „*PHP is a popular general-purpose scripting language that is especially suited to web development.*" (PHP.net, 2014). Die Programmiersprache erschien erstmalig 1995 und hat sich seither einen Namen gemacht. Nach w3techs Technologiestatistik in der Kategorie „Usage of server-side programming languages for websites" führt PHP das Feld mit 81.9% deutlich an (Siehe Abbildung 2 - Usage of server-side programming languages for websites) (W3techs, 2014).

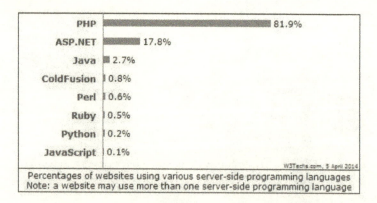

Abbildung 2 - Usage of server-side programming languages for websites

PHP ist nach seiner langen Entwicklung heute bereits in der Version 5.5.11 erhältlich. Die einfache HTML-Einbindung[6], der ausgereifte Umgang mit Datenbanken und die langjährige Entwicklung der Sprache tragen zu ihrer Marktführerstellung bei.

Den Einstieg in eine Programmiersprache lernt man meistens mit einem einfachen „Hello World!" Programm. Dabei durchlaufen die Lernenden die nötigen Schritte, um ein Programm lauffähig zu machen und bekommen einen ersten Einblick in die Syntax der Sprache. Aus diesem Grund wird folgend ein „Hello World!" Programm mittels PHP dargestellt.

In PHP genügt es bereits, eine neue PHP-Datei mit der Dateiendung „.php" am Server anzulegen und in diese nur „Hello World!" zu schreiben. Die Datei kann dann mit einem Browser über den jeweiligen Server abgerufen werden.

```
1 Hello World!
```

Codebeispiel 1 – „Hello World!" in PHP: Schritt 1

Der Code aus Codebeispiel 1 wird als HTML-Code interpretiert und als HTML-Textknoten ausgegeben. Das Ergebnisdokument ist dabei aber nicht valide, da die HTML-spezifischen Elemente fehlen.

```
1 <html>
2     <head>
3         <title>Hello World Program</title>
4     </head>
5     <body>
6         <p>Hello World!</p>
7     </body>
8 </html>
```

Codebeispiel 2 – „Hello World!" in PHP: Schritt 2

In Codebeispiel 2 wird bereits ein gültiger HTML-Code ausgegeben, jedoch unterscheidet sich das Dokument in der Schreibweise nicht von einem HTML-Dokument. Jene Programmierer, die bereits mit HTML umgehen können, finden einen leichteren Einstieg in PHP – die Ausgabe erfolgt nämlich meistens in HTML.

---

[6] HTML (HyperText Markup Language) ist eine textbasierte, beschreibende Sprache, die zur Strukturierung von Hypertext verwendet wird. Informationen, die durch Querverweise (Hyperlinks) zwischen Hypertext-Knoten verknüpft sind, bezeichnet mal als „Hypertext" (Weiss, 2011).

```
1  <html>
2     <head>
3           <title> Hello World Program </title>
4     </head>
5     <body>
6           <?php echo '<p>Hello World!</p>'; ?>
7     </body>
8  </html>
```

Codebeispiel 3 – „Hello World!" in PHP: Schritt 3

Erst mit den Zeichenfolgen „<?php" und „?>" wird tatsächlicher PHP-Code maskiert. Jene Codestücke, die sich innerhalb dieser Maskierung befinden, müssen den syntaktischen Regeln von PHP entsprechen. In Codebeispiel 3 wird innerhalb dieser Maskierung (Zeile 6) die „echo" Funktion aufgerufen und ein String mit dem Wert „<p>Hello World!</p>" als Parameter übergeben. Die echo Funktion gibt dabei den übergebenen Parameter an der entsprechenden Stelle des HTML-Dokumentes aus. Danach ist ein Semikolon platziert, um das Ende eines Funktionsaufrufes anzuzeigen. Die Maskierung wird mit „?>" wieder geschlossen, sodass danach wieder reiner HTML-Code eingegeben werden kann.

Ein „Hello World!" Programm ist sehr simpel. Unterschiede zwischen Programmiersprachen werden jedoch erst bei komplexeren Anwendungen bemerkbar. Äußerst erfolgreiche Webapplikationen, die von sehr vielen Benutzern gleichzeitig verwendet werden und daher sehr viele Datentransaktionen abwickeln müssen, stellen hohe technische Anforderungen. Hier kann PHP derzeit an seine Grenzen stoßen, weshalb Entwickler seit einigen Jahren nach Alternativen suchen. Ryan Dahl hat 2009 eine vielversprechende Alternative entwickelt: Node.js, auf das im Folgenden näher eingegangen wird.

2.1.2   Node.js

JavaScript, eine prototypenbasierte Skriptsprache (siehe Abschnitt 2.1.4 - Prototypenbasierte, objektorientierte Programmierung), wird hauptsächlich in der klientenseitigen Programmierung verwendet. Der Hauptanwendungskontext ist im Bereich dynamische Benutzeroberflächen, wie bspw. bei Formularen (Flanagan, 2007). Durch das Framework „Node.js" wird es nun möglich, JavaScript auch für den Webserver, also als serverseitige Programmiersprache, zu verwenden. *„Node.js ist vieles, vor allem aber eine Umgebung, die es ermöglicht, JavaScript* *außerhalb des Webbrowsers laufen zu lassen."* (Hughes-Croucher und Wilson, 2012, S. 1). Dadurch ergeben sich einige Vorteile für die Entwicklung, wie z.B. die erhöhte Wiederverwendbarkeit von Code im Front- und Backend. Da die Sprachgrammatik für Server und Klient dieselbe ist, können Snippets, das sind Codestücke, problemlos auf beiden Seiten verwendet werden. Dazu kommt auch die kognitive Erleichterung, da man nur in einer Sprache arbeiten muss und immer dieselbe Syntax einzuhalten hat. Maßgeblich für den Erfolg von Node.js sind aber die technischen Vorteile.

> *„Node.js is a platform built on Chrome's JavaScript runtime for easily building fast, scalable network applications. Node.js uses an event-driven, non-blocking I/O model that makes it lightweight and efficient, perfect for data-intensive real-time applications that run across distributed devices."* (Node, 2014).

Das Framework macht sich die Vorteile die daraus entstehen, dass JavaScript eine Event-gesteuerte Sprache ist, zu nutzen. Zusätzlich wird in Node.js mit nichtblockierenden Sockets[7] gearbeitet. Durch diese Eigenschaften lassen sich unter anderem hoch skalierbare Server und Push-Features stabil programmieren. (Hughes-Croucher und Wilson, 2012).

Ryan Dahl, der Erfinder von Node.js, hat das Potential von Google Chromes 2008 eingeführter JavaScript-Engine „V8" genutzt, um Node.js mit der nötigen Performance auszustatten.

> *„Node ist ein Wrapper für die hochperformante V8-JavaScript-Runtime des Google-Chrome-Browsers. Node passt V8 so an, dass es außerhalb eines Browsers besser arbeiten kann. Dazu stellt es vor allem zusätzliche APIs bereit, die für bestimmte Anwendungsfälle optimiert sind."* (Hughes-Croucher und Wilson, 2012).

Node.js konnte sich bisher erst einen geringeren Marktanteil sichern. Vom Hauptkonkurrenten, PHP, könnten durch die mitgebrachten technologischen Vorteile aber vielleicht Marktanteile gewonnen werden. Node.js befriedigt ein

---

[7] *„Ein Socket ist eine Schnittstelle auf einem Host, kontrolliert durch das Betriebssystem, über das ein Anwendungsprozess sowohl Daten an einen anderen Prozess senden als auch von einem anderen Prozess empfangen kann. Ein Socket ist eine Art ‚Tür' zum Computernetzwerk."* (CCS, 2014).

technologisches Nischenbedürfnis und erlebt deshalb einen derzeit so rapiden Anstieg an Nachfrage und Unterstützung. Ein Hindernis für die Akzeptanz der Technologie bei den Entwicklern könnte der Einstieg in Node sein, der im Vergleich zu PHP etwas schwieriger sein kann. Das nachfolgende „Hello World!" Programm für Node.js soll das veranschaulichen.

PHP Entwickler legen in der Regel ihre PHP-Dateien an, laden diese in einer gewünschten Ordnerstruktur auf den Server und führen sie unkompliziert mit einem Webbrowser[8] aus. In Node ist der Einstieg etwas komplexer. Node kann auf mehrere Arten bedient werden. Eine Möglichkeit ist es, eine JavaScript-Datei mit der Dateiendung „.js" anzulegen und diese über die Kommandozeile mit dem Befehl „node" und dem entsprechenden Pfad auszuführen. Eine weitere Möglichkeit ist, die von Node.js bereitgestellte, interaktive Programmierumgebung „Node REPL" („Read-Evaluate-Print-Loop", Hughes-Croucher und Wilson, 2012) aufzurufen und den JavaScript Code direkt darin zu entwickeln und zu testen. Dieses Vorgehen ist für PHP-Entwickler etwas ungewohnt und kann zu Verwirrungen führen. *„An Node versteht man zu Beginn häufig nicht, dass es sich nicht nur um einen Server handelt, sondern auch um eine Laufzeitumgebung – wie Perl, Python oder Ruby."* (Hughes-Croucher und Wilson, 2012).

Der Vorteil der ersten genannten Variante ist, dass man seine gewohnte Entwicklungsumgebung benutzen kann. Der Vorteil der zweiten genannten Variante ist, dass man das Ergebnis oder entsprechende Fehlermeldungen gleich direkt erhält (Siehe Abbildung 3 - "Hello World!" in Node REPL).

Abbildung 3 - "Hello World!" in Node REPL

Die Funktion „log" des Objektes „console" kann – ähnlich wie „echo" in PHP – einen übergebenen String Parameter ausgeben (Siehe Abbildung 3 - "Hello

---

[8] Ein Webbrowser (kurz: „Browser") ist ein Programm zur Darstellung von Webinhalten. Das sind meist über Hyperlinks miteinander verbundene HTML Dokumente.

World!" in Node REPL). Das Ergebnis kann jedoch nur in der Konsole, aber nicht mit in einem HTML-Dokument betrachtet werden.

Damit die Ergebnisse auch über einen Browser abrufbar sind, muss zuerst ein HTTP-Server[9] gestartet werden. *„Anders als bei anderen Sprachen wie PHP, die innerhalb eines Servers laufen (zum Beispiel im Apache[10]), agiert Node selbst als Webserver. Allerdings müssen wir ihn dazu auch selbst erzeugen."* (Hughes-Croucher und Wilson, 2012).

```
1 var http = require('http');
2 http.createServer(function (req, res) {
3     res.writeHead(200, {'Content-Type':'text/plain'});
4     res.end('Hello World!');
5 }).listen(8124, "127.0.0.1");
```

Codebeispiel 4 – „Hello World!" in Node

In Codebeispiel 4 wird in Zeile 1 eine HTTP-Bibliothek geladen und der Variable „http" zugewiesen. In Zeile 2 wird auf dieser Variable die Funktion „createServer()" aufgerufen und als Parameter eine anonyme Funktion übergeben. In Zeile 5 wird zusätzlich ein Event Listener[11] für das „request"-Event vergeben, der die vorhin übergebene anonyme Funktion im gegebenen Fall anstoßen soll. Die in Zeile 2 übergebenen Parameter „req" und „res" stehen für „Request" und „Response". Die Funktion „writeHead()" erhält den Wert 200 (das steht für den HTTP-Status-Code „200 OK") sowie den Inhaltstypen „text/plain". Die Funktion „end()" führt gleich zwei Arbeiten durch: Zum einen wird mit dem als Parameter übergebenen String-Wert ein HTML-Element vom Typ „Body" erstellt und an den Klienten gesendet, welches den String-Wert als Textknoten enthält. Zum anderen wird die HTTP-Verbindung beendet. Das Ergebnis ist ein gültiges HTML-Dokument mit der gewünschten Ausgabe (Siehe Abbildung 4 - "Hello World!" mit Node und Browser)

---

[9] HTTP (Hypertext Transfer Protocoll) dient zur Datenübertragung in einem Netzwerk. Ein http Server verarbeitet Anfragen eines Klienten sowie deren Antworten über das HTT-Protokoll.
[10] Mehr Information unter: http://httpd.apache.org
[11] Ein Event Listener wartet auf das Eintreffen eines definierten Ereignisses. Zum Zeitpunkt des Eintreffens stößt dieser Listener einen definierten Vorgang an

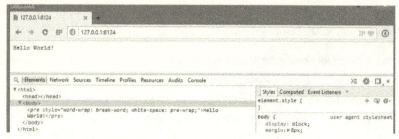

Abbildung 4 - "Hello World!" mit Node und Browser

Ein „Hello World!" Programm zu schreiben scheint mit PHP wesentlich unkomplizierter zu sein, als mit Node. Das Erstellen eines Servers fällt bei PHP weg, da PHP meist bereits in einem Server wie z.B. Apache läuft. Für den Einstieg in ein neues Framework stellt dies eine kleine Erschwernis dar. Neben diesen Punkten spielen aber auch andere Werte, wie etwa die Menge an verfügbaren Ressourcen oder die Größe der Nutzergemeinde, eine Rolle. Sehr wesentlich ist aber auch der Aufbau der Programmiersprache. PHP ist eine objektorientierte Programmiersprache, JavaScript eine prototypenbasierte. Entwickler, die in den jeweiligen Bereichen bereits Erfahrungen sammeln konnten, können gewohnte Arbeitsweisen somit beibehalten und finden eventuell einen schnelleren Einstieg in die neue Sprache.

2.1.3 Klassenbasierte, objektorientierte Programmierung

Die Idee hinter objektorientierter Programmierung (OOP) ist, alle Bestandteile eines Objektes in eine logische Struktur zu bringen und zusammenzufassen. Bei klassenbasierter OOP versucht man Objekte in übergreifende Klassen zu gliedern und Daten zu kapseln. Kapseln bedeutet, dass man die Daten vor ungewollten Manipulationen weitgehend schützt. Um das zu erreichen, werden direkte Zugriffe auf Daten unterbunden und eigene Zugriffsfunktionen zur Verfügung gestellt. Neben den gekapselten Daten verfügen Objekte auch über Methoden. Unter einer Methode versteht man einen Programmabschnitt, der einmal ausprogrammiert wird, und dann für alle Objekte einer Klasse zur Verfügung steht. Klassenbasierte

OOP unterstützt zu dem komplexe Vererbungsstrukturen, sodass man Klassen sowohl generalisieren als auch spezifizieren kann (Stender, 2011).

```php
1  <?php
2
3  class User {
4      private $sForeName;
5      protected $sSurName;
6      public $sUserName;
7      private $sGender;
8
9      public function __construct($sForeName, $sSurName, $sUserName, $sGender)
10     {
11         $this->sForeName = $sForeName;
12         $this->sSurName = $sSurName;
13         $this->sUserName = $sUserName;
14         $this->sGender = $sGender;
15     }
16
17     public function __get($sData)
18     {
19         if($sData != "sGender")
20             return $this->$sData;
21         else return "Not allowed!";
22     }
23 }
24
25 $oMatthias = new User("Matthias", "Neuwersch", "Superuser", "Male");
26 echo "Forename: ".$oMatthias -> sForeName;
27 echo "<br/>";
28 echo "Username: ".$oMatthias -> sUserName;
29 echo "<br/>";
30 echo "Gender: ".$oMatthias -> sGender;
31 ?>
```

Codebeispiel 5 – OOP in PHP

In Codebeispiel 5 wird klassenbasierte, objektorientierte Programmierung anhand einer „User"-Klasse in PHP dargestellt. User haben dabei jeweils einen Vornamen, einen Nachnamen, einen Benutzernamen und ein Geschlecht (Zeilen 4-7). Die Werte „public", „protected" und „private" geben dabei an, welche Zugriffe auf diese Daten erlaubt sind. Das ist wichtig, um die Daten vor unerwünschten Zugriffen zu schützen. Das Schlüsselwort „public" ermöglicht einen öffentlichen Zugriff. Das Schlüsselwort „protected" erlaubt einen Zugriff durch ein User-Objekt sowie durch ein Objekt einer spezifizierteren User-Klasse (Subklasse). Das sind all jene Klassen, die von der Klasse „User" erben um deren Eigenschaften zu übernehmen und zu erweitern. Das Schlüsselwort „private" erlaubt nur Zugriff durch ein User-Objekt.

[11]

In der klassenbasierten OOP werden Instanzen einer Klasse (Objekte) durch sog. „Konstruktoren" erstellt. In Codebeispiel 5 befindet sich der Konstruktor in Zeile 9. Die Konstruktorfunktion erhält dabei gewisse Parameter und legt dann ein neues Objekt der Klasse User mit den übergebenen Daten an. Zusätzlich zu den Daten kann jedes User-Objekt die Methode „`__get()`" (Zeile 17) ausführen. Dabei wird der Name einer Objektvariable als Argument übergeben und der Wert, den das jeweilige Objekt hinter dieser Objektvariablen hinterlegt hat, wird zurückgegeben. In Zeile 19 wird diese Funktion jedoch eingeschränkt und der Zugriff überprüft. Wird der Wert der Objektvariable „`sGender`" angefragt, so wird die Zeichenfolge „`Not allowed!`" zurückgegeben. Die Objekt-Variablen sind mit den Schlüsselwörtern „`public`", „`private`" und „`protected`" versehen. Auf die Variable `$sUserName` kann direkt zugegriffen werden, da diese öffentlich erreichbar ist. Für alle anderen Objektvariablen ist ein direkter Zugriff auf deren Daten nicht erlaubt, weshalb ein sog. „Getter" verwendet werden muss. Durch die `__get()` Funktion wird eine Zugriffsfunktion realisiert, die unerwünschte Datenabfragen verhindert.

In Zeile 25 wird ein neues User-Objekt erstellt. In den Zeilen 26-30 wird nun versucht, Daten des User-Objektes abzufragen und die Ergebnisse in eine HTML Ausgabe zu bringen. Die Variable `$sUserName` wird dabei direkt abgefragt. Die Variable `$sForeName` wird über den Getter ermittelt. Es wird versucht, die Variable `$sGender` ebenfalls über den Getter zu ermitteln, das wird aber durch die Einschränkung in Zeile 19 verhindert. Als Ergebnis erscheinen im Browser der Vorname und der Benutzername des in Zeile 25 angelegt User-Objektes, sowie die Fehlermeldung für die Anfrage nach dem Geschlecht, da dieser Zugriff unterbunden wurde (Siehe Abbildung 5 - Ergebnis aus Codebeispiel 5).

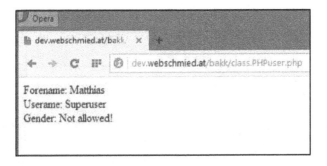

Abbildung 5 - Ergebnis aus Codebeispiel 5

2.1.4 Prototypenbasierte, objektorientierte Programmierung

Anders als in der klassenbasierten OOP gibt es in der prototypenbasierten OOP keine Klassen. In JavaScript (eine prototypenbasierte Programmiersprache) ist es trotzdem möglich, „Pseudoklassen" zu definieren. Dafür werden Konstruktorfunktionen und Prototyp-Objekte verwendet (Flanagan, 2007). In JavaScript existiert kein Schlüsselwort „class". Das wird auch nicht benötigt, da jede Funktion als Konstruktor verwendet werden kann. Da es keinen Klassenrahmen in Form von geschwungenen Klammern („{}") gibt, werden die Funktionen, die im Code nach dem Konstruktor stehen, auch nicht automatisch als Funktionen der Klasse erkannt.

„Es ist so, dass jedes JavaScript-Objekt eine interne Referenz auf ein anderes Objekt enthält, das als Prototyp-Objekt bezeichnet wird. Alle Eigenschaften des Prototyps scheinen Eigenschaften eines Objekts zu sein, für das er der Prototyp ist. Man kann auch sagen, dass ein JavaScript-Objekt Eigenschaften von seinem Prototyp erbt." (Flanagan, 2007).

Dieses Prototyp-Objekt ist für die Erstellung von Objektmethoden essentiell. Wird dem Prototyp-Objekt also eine Funktion zugewiesen, so können alle Objekte, die von diesem Prototyp „erben" diese Methode ausführen. Prototypenbasierte OOP

[13]

unterstützt zudem auch Mehrfachvererbung. Das bedeutet, dass ein Objekt von mehreren Prototypen erben kann. (Shah, 2013).

Die Datenkapselung (Siehe Abschnitt 2.1.3 Klassenbasierte, objektorientierte Programmierung) ist ein wichtiges Feature, das auch in der prototypenbasierten OOP verwendet wird. Anders als in PHP, stehen in JavaScript nur öffentliche (public) und private (private) Eigenschaften und Methoden zur Verfügung. Auch wenn diese nicht klar als solche gekennzeichnet werden (etwa durch ein Schlüsselwort „public" o.ä.), so funktioniert das System auf eine ähnliche Art und Weise. Direkt dem Objekt zugewiesene Variablen stehen dabei zum öffentlichen Zugriff zur Verfügung (sie werden mit „this.*variable*" deklariert). In der Konstruktorfunktion angelegte, nicht zugewiesene Variablen sind das Equivalent zu PHPs „private"-Variablen. Zur Veranschaulichung wird das Realitätsmodell aus Codebeispiel 5 im Folgenden auch in einem prototypenbasierten Modell (mittels JavaScript) dargestellt.

```
1  function User(ForeName, SurName, UserName, Gender)
2  {
3      var ForeName = ForeName;
4      var SurName = SurName;
5      this.UserName = UserName;
6      var Gender = Gender;
7      this.getForeName = function(){return ForeName;};
8  }
9
10 User.prototype.__defineGetter__("ForeName", function() {
11     return this.getForeName();
12 });
13
14 var User = new User("Matthias", "Neuwersch", "Superuser", "male");
15 console.log("Forename: " + User.ForeName);
16 console.log("Username: " + User.UserName);
17 console.log("Gender: " + User.Gender);
```

Codebeispiel 6 – Prototypenbasierte Programmierung in JavaScript

In Zeile 1 aus Codebeispiel 6 wird sichtbar, dass in der prototypenbasierten OOP gleich mit dem Konstruktor begonnen wird. Wie in Codebeispiel 5 werden die Variablen `ForeName`, `SurName` und Gender vor öffentlichem Zugriff geschützt. Die Variable `UserName` wird in Zeile 5 durch die Verwendung von „`this.`" dem Objekt direkt zugewiesen und ist somit öffentlich erreichbar. In Zeile 14 wird ein neues User-Objekt mit den übergebenen Parametern angelegt. In den Zeilen 15-17 wird eine Ausgabe über die Konsole generiert, um die Ergebnisse sichtbar zu machen.

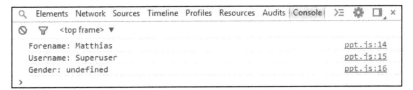

Abbildung 6 - Ergebnis aus Codebeispiel 6 in der Konsole

Um die geschützte Variable „ForeName" zu erreichen, wurde in Zeile 10 ein Getter auf dem prototype Objekt eingerichtet. Dieser Getter ist auf allen anderen Instanzen der Pseudoklasse „User", wie auch auf unserer „User" Variable zu erreichen. Der Getter ruft eine Funktion „getForeName()" auf, die dem Objekt in Zeile 7 hinzugefügt wurde. Die Funktion „getForeName()" wiederrum liefert den Wert der geschützten Variable „ForeName" zurück. Durch die Referenz der inneren Funktion auf die Variable bleibt diese erhalten und ist nun auch nach der Ausführung der Funktion von außerhalb erreichbar. Man spricht hierbei auch von einer „Closure[12]". In Zeile 16 wird die Variable „UserName" direkt am Objekt aufgerufen. Diese Variable ist öffentlich erreichbar, weshalb hierfür kein Getter notwendig ist. In Zeile 17 wird nun versucht, die geschützte Variable „Gender" aufzurufen. Für diese Variable gibt es keinen Getter. Da der direkte Zugriff nicht gestattet wird, gibt die Konsole hierfür „undefined" aus (Siehe Abbildung 6 - Ergebnis aus Codebeispiel 6 in der Konsole).

Sowohl klassenbasierte, als auch prototypenbasierte, objektorientierte Programmiersprachen können für die serverseitige Programmierung verwendet werden. Node.js und PHP stellen als serverseitige Programmiersprachen die Schnittstelle zwischen der Benutzeroberfläche und den im Hintergrund liegenden Daten dar. Aus diesem Grund sind sie ebenso eng an Klienten wie an Datenbanksysteme gekoppelt.

---

[12] Eine ausführliche Erklärung zu Closures finden Sie hier:
https://developer.mozilla.org/de/docs/JavaScript/Guide/Closures

[15]

2.2 Datenbanksysteme

Nur wenige Webanwendungen kommen ohne Datenbanken aus. In der Regel liegt hinter jeder Webanwendung ein Datenbanksystem, welches Daten speichert, verändert, oder auf Anfrage ausgibt. *„Eine Datenbank ist eine Sammlung von* **Daten**, *die einen Ausschnitt der realen Welt beschreiben. Unter Daten verstehen wir bekannte Tatsachen, die aufgezeichnet werden können und eine implizite Bedeutung haben."* (Elmasri und Navathe, 2002). In den Datenbanken liegen demnach die Informationen, mit denen eine Webanwendung arbeitet. Das können z.B. Benutzerdaten für den Login, Forenbeiträge, Verkaufsartikel oder auch aktuelle News sein. Datenbanken werden für Anwendungen entwickelt und mit Daten gefüllt (Elmasri und Navathe, 2002). Server können mit geeigneten Abfragesprachen, wie z.B. SQL[13] mit einer Datenbank kommunizieren. Diese Datenbankabfragen werden in der serverseitigen Programmierung, also beispielsweise im PHP-Code eingebettet.

Daten brauchen sinngemäß einen Datenträger, also Speicherplatz, wo sie aufbewahrt werden. Dieser Datenträger muss für den Server immer erreichbar sein, daher ist der Datenträger meist Teil des Servers. Die für eine Webanwendung benötigten Hardwarekomponenten und die dazu passende Software kann man bei einem sogenannten „Host" erwerben.

2.3 Hosting

„Web hosting is the business of providing the server storage, Internet connectivity, and services necessary to serve files and images for a Web site." (Puetz, 2005). Ein Hosting Anbieter verkauft Speicherplatz auf einem Gerät, das über eine statische IP-Adresse permanent mit dem Internet verbunden ist. Auf diese Art werden Websites im Netz gespeichert. Über diese IP-Adresse können die Inhalte des Webservers abgerufen werden. Zur Erleichterung der Adressierung wurden Domains eingeführt, die die statischen IP-Adressen mit Domainnamen (bspw.

---

[13] *„SQL is a standard language for accessing databases."* (w3schools, 2014).

www.google.at) verbinden. Die meisten Hosting Betreiber bieten deshalb auch Domainhandel, also den Verkauf von Internetadressnamen an.

Je nach Anwendungszweck braucht ein Server gewisse Softwarepakete. Es ist vom Hosting Anbieter abhängig, welche Software vorinstalliert ist und welche Services (z.B. automatische Datensicherung) zur Verfügung stehen. Für diese Leistungen, also den Speicherplatz, die permanente Anbindung an das Internet, die Software und die Services, variieren die Preise je Anbieter. Die hohe Relevanz von Webhosting für Webapplikationen und die Unterschiede der Angebote für PHP und Node.js bieten für diese Arbeit den Anlass, das Thema genauer zu bearbeiten.

3 PHP und Node.js im Vergleich

Ein Vergleich zwischen PHP und Node.js kann zu diesem Zeitpunkt auf den ersten Blick aufgrund der Marktdominanz von PHP und dem jungen Alter von Node.js unausgeglichen wirken. Node.js füllt aber eine technologische Lücke, die immer wichtiger wird und die zugleich von PHP offen gelassen wird. Da diese Lücke besonders für vergleichsweise große Webapplikationen mit vielen gleichzeitigen Verbindungen, Ein- und Ausgaben interessant ist, könnte Node.js in naher Zukunft Marktanteile gewinnen. Im Folgenden werden die beiden Technologien miteinander in unterschiedlichen Kategorien, die für eine Technologieentscheidung zu Beginn eines Projektes relevant sein können, verglichen.

3.1 Technische Voraussetzungen

Node und PHP brauchen unterschiedliche Softwaresetups. Während Node selbst ein Server ist, benötigt PHP einen separaten Webserver. Unter Webserver versteht man hierbei keinen physischen Rechner, der die Arbeiten durchführt. Der Webserver ist hier eine Software, die CGI-Skripte[14] ausführen kann. Ein solcher Webserver versteht die Anfragen eines Klienten und zieht bspw. PHP heran, um entsprechende HTML Dokumente oder andere Dateien an den Klienten zurück zu senden. Zusätzlich können Datenbankmodule gebraucht werden um PHP mit einer Datenbank zu koppeln. Abhängig von den Anforderungen können dafür unterschiedlichste Datenbanken gewählt werden, wie z.b. Oracle, MySQL oder sogar Microsoft Acces Datenbanken. Besonders unterstützt werden aber MySQL und SQLite Datenbanken. (Staas, 2004).

Der Webserver spielt also eine wichtige Rolle bei der Ausführung von PHP Programmen. Häufig werden Webserver wie „Apache"[15] oder Microsofts „Internet Information Server" (IIS)[16] verwendet. Node hingegen benötigt keine

---

[14] „CGI" steht für „Common Gateway Interface". CGI ist ein Standard für den Datenaustausch zwischen einem Webserver und Programmen, die Webinhalte generieren (z.B. PHP-Programme).
[15] Apache ist ein kostenloses Serversoftware Paket. Mehr Information unter: http://httpd.apache.org
[16] Microsofts Serversoftwarepaket. Mehr Information unter: http://www.iis.net

Serversoftware, da Node gleichzeitig selbst der Server ist. Dennoch benötigt Node, genauso wie PHP, Datenbankmodule, die für die Kommunikation mit den Datenbanksystemen verantwortlich sind. Gleich wie bei PHP können auch für Node unterschiedliche Datenbanken herangezogen werden.

PHP benötigt zwar Drittsoftware, diese ist aber meist kostenlos und weit verbreitet. Node.js hingegen benötigt mehr individuelle Zugriffsrechte als PHP, wie bspw. geregelte Datensystemzugriffsrechte, die JavaScript in seiner Grundform nicht unterstützt, oder auch Zugriff auf ein Control Panel wie bspw. eine Kommandozeile zum Starten von Node. Aus diesem Grund gibt es noch wenige Hosts, die Node.js Hosting anbieten. **Das geringe Angebot erhöht entsprechend den Preis**, was ein **Nachteil für Node.js** ist.

3.2 Synchrone vs. asynchrone Ein- und Ausgabemodelle

Eines der wichtigsten Themen, worin sich Node und PHP unterscheiden, sind sog. „blocking-I/O" bzw. „non-blocking-I/O" Modelle. „I/O" steht hierbei für „Input/Output", also für Ein- und Ausgaben. Man spricht auch von „synchron" (blocking) und „asynchron" (non-blocking). Die beiden Ansätze unterscheiden sich darin, ob Empfangen und Senden von Daten zeitlich versetzt sein können, oder nicht. Blocking-I/O Modelle verfolgen demnach den Ansatz, dass nach dem Senden von Daten ein Prozess solange blockiert wird, bis vom Empfänger eine Antwort kommt. Non-blocking-I/O Modelle hingegen können bis zur Antwort weitere Aufgaben durchführen. Der Prozess wird also nicht blockiert. (Rauch, 2012) (Siehe Abbildung 7 – Synchrone und Asynchrone Verarbeitung).

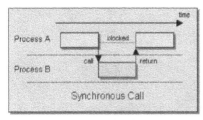 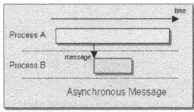

Abbildung 7 - Synchrone und Asynchrone Verarbeitung
Quelle: http://www.eaipatterns.com/Introduction.html [24. Mai 2014]

Um das zu veranschaulichen, wird im Folgenden ein Codevergleich dargestellt:

```
1  <?php
2      echo "Hallo ";
3      sleep (5);
4      echo "Welt!";
5      echo "<br/>";
6      echo "Bis bald!";
7  ?>
```

Codebeispiel 7 – Blocking-I/O in PHP

Codebeispiel 7 zeigt ein blocking-I/O Beispiel in PHP. In Zeile 2 wird mit der Funktion „echo()" der Text „Hallo " ausgegeben. In Zeile 3 wird die Funktion „sleep()" aufgerufen und „5" als Argument übergeben. Das führt dazu, dass 5 Sekunden lang gewartet wird, bis Zeile 4 bearbeitet wird. Der Prozess wird also für 5 Sekunden lang blockiert. Im Anschluss folgen noch ein Zeilenumbruch („
") und die Ausgabe „Bis bald!" (Ergebnis siehe Abbildung 8 - Ergebnis aus Codebeispiel 7).

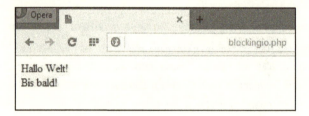

Abbildung 8 - Ergebnis aus Codebeispiel 7

```
1  console.log("Hallo ");
2
3  setTimeout(function(){
4      console.log("Welt!");
5  }, 5000);
6
7  console.log("Bis bald!");
```

Codebeispiel 8 – Non-blocking-IO in Node.js

Codebeispiel 8 zeigt ein non-blocking-I/O Beispiel in Node.js. In Zeile 1 wird wieder „Hallo " ausgegeben. In Zeile 3 wird die Funktion „setTimeout()" aufgerufen. Ihr werden zum einen eine callback Funktion[17], und zum anderen der Wert „5000" als Argumente übergeben. 5000 steht hierbei für Millisekunden die vergehen

---

[17] Eine „callback" Funktion – zu Deutsch „Rückruffunktion" – wird unter definierten Bedingungen von einer anderen Funktion aufgerufen.

müssen, bis die callback Funktion ausgeführt wird. In Zeile 7 wird der Text „Bis bald!" ausgegeben. In Abbildung 9 - Ergebnis aus Codebeispiel 8 wird der Unterschied zwischen synchronem und asynchronem Ansatz deutlich sichtbar. Der Text „Bis bald!" wird vor „Welt!" ausgegeben. Die Funktion „setTimeout()" blockiert den Prozess, anders als die Funktion „sleep()" in PHP, nicht. Die callback Funktion wird ausgeführt, wenn 5000 Millisekunden vergangen sind. In der Zwischenzeit wird der Code aber weiter verarbeitet. Aus diesem Grund wird „Bis bald!" unmittelbar nach „Hallo" ausgegeben während „Welt!" erst nach dem Ablauf der angegebenen Zeitspanne ausgegeben wird.

Abbildung 9 - Ergebnis aus Codebeispiel 8

Node.js ist für den asynchronen Ansatz ausgelegt, Dieser ermöglicht es, mehrere Operationen nebeneinander durchzuführen. Callback Funktionen werden erst zu einem späteren Zeitpunkt ausgeführt (bspw. wenn Daten aus einer Datenbank abgefragt wurden). Bis zu diesem Zeitpunkt muss die Ausführung nicht angehalten werden, weshalb in der Zwischenzeit andere Dinge passieren können. Mit dem synchronen Ansatz erfolgen Operationen nacheinander und müssen auf die Fertigstellung der jeweils vorhergehenden warten (Ornbo, 2012).

> „Node.js uses JavaScript's event loop to support the asynchronous programming style that it advocates. [...] it basically allows callback functions to be saved and then run at a point in the future when an event happens. This might be data being returned from a database, or an http request returning data. Because the execution of the callback function is deferred until the event happens, there is no need to halt the execution, and control can be returned to the Node runtime environment so that other things can happen." (Ornbo, 2012).

Zusätzlich zu den vermiedenen Wartezeiten durch Blockierung gibt es aber noch weitere leistungsverbessernde Effekte, die etwas weiter in der Tiefe liegen. Darüber schrieb Pedro Teixeira (2012) in seinem Buch „Professional Node.js – Building JavaScript-Based Scalable Software" folgendes:

> „For quite some time, the systems-programming community has known that event-driven programming is the best way to create a service that can handle many concurrent connections. It has been known to be more efficient regarding memory because there is less context to store, and more efficient regarding time because there is less context switching".

Es ist demnach seit einiger Zeit bekannt, dass eventgesteuerte Programmierung am geeignetsten ist, um einen Service zu erstellen, der viele gleichzeitige Verbindungen verarbeiten kann. Eventgesteuerte Programmierung ist effizienter in der Speichernutzung, weil weniger Prozesskontexte[18] gespeichert werden müssen. Sie ist aber auch effizienter in der Zeitnutzung, weil es weniger Kontextwechsel[19] gibt (Teixeira, 2012). Der Vorteil, den Node.js dadurch gegenüber PHP bekommt ist, **dass viele gleichzeitige Verbindungen effizienter verarbeitet werden können.** Das ist hilfreich bei Applikationen mit einer großen Nutzeranzahl und vielen Ein- und Ausgaben. Ab welcher Anzahl von gleichzeitigen Verbindungen der Vorteil lohnend ist, hängt von mehreren Faktoren ab und ist jeweils individuell zu erheben. Zu diesen Faktoren zählen unter anderem die Hardware, die angebundenen Module, die Netzwerkverbindung und auch die Codequalität.

Zusätzlich zur effizienteren Verarbeitung gleichzeitiger Ein- und Ausgaben ermöglicht die eventgesteurte, asynchrone Programmierung das Umsetzen von Push-Notifications. Durch einen vergebenen Event Listener ist es nicht nötig, permanent nach Änderungen abzufragen. Sobald ein Ereignis, wie bspw. das Eingehen einer neuen persönlichen Nachricht auf Facebook, eintritt, wird eine entsprechende Funktion angestoßen, welche die nötigen Operationen durchführt.

---

[18] Der Prozesskontext enthält alle Informationen, die ein Betriebssystem zur Verwaltung eines Prozesses benötigt.
[19] Der Kontextwechsel ist der Vorgang, bei dem die Durchführung eines Prozesses unterbrochen und zu einem anderen Prozess gewechselt wird. Kontextwechsel sind zeitintensiv und daher zu vermeiden.

Neben ihrer Synchronität und Asynchronität unterscheiden sich die beiden Programmiersprachen auch hinsichtlich ihrer Objektorientierung.

3.3 Klassenbasierte vs. prototypenbasierte OOP

Ein weiterer markanter Unterschied zwischen PHP und Node.js ist, dass PHP eine klassenbasierte, objektorientierte, und JavaScript eine prototypenbasierte, objektorientierte Programmiersprache ist. Entwickler, die bisher mit klassenbasierten, objektorientierten Programmiersprachen wie bspw. C++ gearbeitet haben, könnten bei einem Umstieg auf PHP bereits bekannte Denkmuster verwenden.

> *„Bei der Entwicklung von PHP 5 wurde [...] das Hauptaugenmerk auf die Weiterentwicklung der OO-Fähigkeiten [Anm. Objektorientierten] von PHP gelegt, und es wurden nahezu alle Möglichkeiten bereitgestellt, die erfahrenere Programmierer aus Sprachen wie Java oder C++ kennen."* (Schmidt, 2009).

Dem gegenüber stehen Entwickler, die bereits Erfahrungen im Frontend-Web Development mit Verwendung von JavaScript gesammelt haben. Diese Entwickler könnten bereits bekannte Denkmuster auch in Node.js wiederverwenden.

Vergleicht man PHP und Node.js hinsichtlich der Programmierparadigmen „Klassenbasierte-„ und „Prototypenbasierte, objektorientierte Programmierung", so ergeben sich einige Unterschiede: Klassen in PHP sind „immutable". Das bedeutet, dass sie zur Laufzeit nicht verändert werden können. Es können keine Attribute oder Methoden hinzugefügt werden. Prototypen in Node.js hingegen können sowohl „mutable" (zur Laufzeit veränderbar), als auch „immutable" umgesetzt werden. Während in PHP keine Mehrfachvererbung möglich ist, können Objekte in JavaScript von mehreren Prototypen erben (Shah, 2013). Das kann sowohl Vorteile, als auch Nachteile bringen. Mit Mehrfachvererbung ist es möglich, komplexere Modelle zu realisieren. So könnten bspw. Hybride wie „Liger"[20] abgebildet werden. Liger sind eine Kreuzung aus Löwen und Tiger. Ein Liger-Objekt erbt im Node.js Modell demnach von einem Löwen und von einem Tiger.

---

[20] Mehr Information unter http://www.ligerworld.com

[23]

Ein Nachteil von Mehrfachvererbung ist das sog. „Diamond Problem". *„The most interesting problems of multiple inheritance are present in the so-called diamond problem. This case arises when a class inherits from two superclasses, each of which inherits from the same, single superclass."* (Gabbrielli & Martini, 2010, S. 296). In der Realität sind sowohl Löwen als auch Tiger Pantherarten. Erben also die Node.js Prototypen „Löwe" und „Tiger" von einem gemeinsamen Prototypen „Panther", so entsteht das Diamond Problem. Daten, die alle Pantherarten haben, könnten bei Löwen und Tiger unterschiedlich ausgeprägt sein. Ein Liger-Objekt würde in Node.js also zwei unterschiedliche Werte für ein Attribut erben.

Grundsätzlich ist keines der beiden Paradigmen dem anderen generell vorzuziehen. Klassenbasierte- und prototypenbasierte, objektorientierte Programmierung haben jeweils ihre Vor- und Nachteile. **Node.js eignet sich für komplexere Vererbungsstrukturen** durch Mehrfachvererbung und mehr Flexibilität durch dynamische Vererbung (mutable objects). **PHP verringert das Fehlerpotential** durch das Unterbinden von Mehrfachvererbung und hat mit abstrakten, immutable Klassen einen konservativeren, strukturierteren Ansatz.

3.4 Zusammenfassung des Vergleichs

In den vorhergehenden Kapiteln wurden die Unterschiede von PHP und Node.js im Detail erörtert. Folgend werden diese zusammengefasst dargestellt. Insgesamt sind beide Technologien für die moderne Web Entwicklung bestens geeignet. PHP braucht Webserver-Software um lauffähig zu sein. Diese ist aber meist kostenlos verfügbar. Für PHP gibt es ein entsprechend großes Hosting Angebot. Node.js braucht keine zusätzliche Software, dafür aber entsprechende Zugriffsrechte. Das geringe Hosting Angebot erhöht dementsprechend den Preis. Beide Technologien können mit unterschiedlichsten Datenbanksystemen kommunizieren. Node.js kann eine hohe Anzahl an Verbindungen und daraus folgenden Ein- und Ausgaben aufgrund von asynchroner Verarbeitung effizienter durchführen. Zudem ist es in Node.js einfacher, Push-Notifications anhand von Event Listeners zu realisieren. PHP bietet als klassenbasierte, objektorientierte Programmiersprache weniger Fehlerpotential und einen höheren Strukturierungs- und Abstrahierungsgrad. Node.js unterstützt dafür komplexere Gebilde durch

Mehrfachvererbung, was gleichzeitig auch zu Fehlern wie dem Diamond Problem führen kann. Von diesen Unterschieden ist die schnellere Verarbeitung von vielen gleichzeitigen Ein- und Ausgaben von Node.js der wesentlichste. Ryan Dahl, der Entwickler von Node.js, hat JavaScript aufgrund jener Eigenschaften, die diese schnellere Verarbeitung ermöglichen, als Skriptsprache für die Serverumgebung Node.js ausgewählt (Dahl, zitiert nach Hughes-Croucher und Wilson, 2012). Hierin liegen demnach die Kernkompetenz von Node.js und gleichzeitig auch der größte Vorteil gegenüber PHP. Im folgenden Kapitel werden die Unterschiede der beiden Technologien für eine Entscheidungshilfe herangezogen. Dieses soll bei neuen Webprojekten zeigen, ob PHP oder Node.js besser für das Projekt geeignet sind.

3.5 Überprüfung der Hypothese

Im Folgenden wird die aufgestellte Hypothese (Siehe Abschnitt 1.2 - Ziele und Hypothese) anhand der gewonnenen Erkenntnisse überprüft. Die Annahme, dass sich Node.js für interaktive Anwendungen im Web 2.0 mit vielen Besuchern und vielen gleichzeitigen Datenbankanfragen besser eignet als PHP, kann aufgrund der gewonnenen Erkenntnisse teilweise bestätigt werden. Es wird jedoch darauf hingewiesen, dass die Anzahl der Besucher sowie die Interaktivität im Web 2.0 dabei keine Kriterien sind. Maßgeblich sind **viele gleichzeitige Ein- und Ausgaben**, was auch Datenbankanfragen beinhalten kann. Die vermuteten höheren Kosten für das Hosting von Node.js Applikationen sind eine Momentaufnahme. Sie können nicht über Dauer vorhergesagt werden. Da die Leistungsfähigkeit bei gleichzeitigen Ein- und Ausgaben für die Technologieentscheidung relevanter ist als der Preis des Hosting Angebots, kann für „nicht kommerzielle Webprojekte" nicht pauschal eine Technologie als geeigneter empfohlen werden. Eine geringere Größe oder ein geringerer Interaktivitätsgrad sind keine Kriterien, die PHP als die geeignetere Technologie bestimmen.

Insgesamt ist die Hypothese zu generell formuliert, um durch die gewonnenen Erkenntnisse zweifelsfrei bestätigt zu werden.

4 Entwicklung einer Entscheidungshilfe

Die beiden Frameworks erfüllen unterschiedliche Anforderungen und befriedigen demnach unterschiedliche Bedürfnisse. Bei der Umsetzung eines neuen Webprojekts fällt die Technologieentscheidung meist sehr früh. Ein Technologiewechsel zu einem späteren Zeitpunkt ist meist mit sehr hohem Aufwand verbunden, weshalb die richtige Technologieentscheidung für den Erfolg der Applikation maßgeblich sein kann. Die Unterschiede der beiden Frameworks PHP und Node.js wurden in Kapitel 3 ausführlich behandelt. Im Folgenden soll aus den Ergebnissen eine Entscheidungshilfe erstellt werden, die das gewonnene Wissen als Basis für die jeweilige Technologieempfehlung heranzieht.

4.1 Ziel

Das Ziel dieser Arbeit ist es, eine Entscheidungshilfe hervorzubringen, die von Entwicklern zu Beginn eines Webprojektes herangezogen werden kann. Mit Hilfe dieser Entscheidungshilfe soll aufgrund festgelegter Kriterien entschieden werden können, ob sich PHP oder Node.js besser für das Projekt eignen. Bevor die Entscheidungshilfe herangezogen wird, sollte abgeklärt werden, ob aus persönlicher und projektspezifischer Sicht überhaupt beide Technologien in Frage kommen. Ist bspw. eine Bibliothek von einem Drittanbieter, die in dieser Form nur für PHP zur Verfügung steht unbedingt notwendig, so ist das ein K.O Kriterium, welches der Entscheidungshilfe vorzuziehen ist. Erst, wenn für das anstehende Projekt beide Technologien gleichermaßen in Frage kommen, sollte mit dieser Entscheidungshilfe gearbeitet werden. Als Entscheidungshilfe wird ein Entscheidungsbaum mit Drop-out Verfahren umgesetzt. Die festgelegten Kriterien sind dabei unterschiedlich relevante K.O.-Kriterien. Die Relevanz eines Kriteriums bestimmt dessen Reihenfolge in der Liste. Die Entscheidungshilfe soll schnell, einfach und zweifelsfrei bedient werden können. Zweifelsfrei bedeutet dabei nicht, dass es nicht zu einer Patt-Stellung kommen darf, in der PHP und Node.js als gleich gut geeignet empfunden werden. Tatsächlich kann es Projekte geben, für welche beide Frameworks gleich gut geeignet sind. Zweifelsfrei bedeutet dabei vielmehr, dass das Ergebnis für den Anwender klar und deutlich wahrnehmbar sein muss, ohne dass Zweifel bestehen, ob der Entscheidungsbaumrichtig verwendet wurde.

4.2 Herangehensweise

Das wichtigste Entscheidungskriterium ist zugleich der größte Unterschied zwischen den beiden Technologien: Der Leistungsunterschied bei vielen gleichzeitigen Verbindungen, Ein- und Ausgaben. Aus diesem Grund lautet die Einstiegsfrage **„Muss die Applikation mit vielen gleichzeitigen Verbindungen, Ein- und Ausgaben arbeiten?"**. „Ja" bedeutet, dass Node.js geeigneter ist. „Nein" bedeutet, dass weiter analysiert werden muss.

Push-Notifications sind bereits State of the art, weshalb viele Webapplikationen damit arbeiten. Werden Push-Notifications benötigt, wird Node.js aufgrund der einfachen Umsetzung mittels Event Listeners als geeigneter befunden. Die zweite Frage für den Anwender lautet daher **„Soll die Applikation in der Lage sein, Push-Notifications an die Benutzer zu senden?"**. „Ja" bedeutet, dass Node.js geeigneter ist. „Nein bedeutet, dass weiter analysiert werden muss.

Wenn es für eine Applikation essentiell ist, dass Mehrfachvererbung unterstützt wird, wird ebenso Node.js als geeigneter befunden. Die dritte Frage für den Anwender lautet daher **„Werden für die Applikation Mehrfachvererbungen benötigt?"**. „Ja" bedeutet, dass Node.js geeigneter ist. „Nein" bedeutet, dass weiter analysiert werden muss.

Nicht jedes Web Projekt ist kommerziell ausgelegt. Viele Web Projekte sind Hobby Projekte oder anderweitige gemeinnützige Projekte. Dabei kann es vorkommen, dass das Budget begrenzt ist und auch eine Rolle spielt. Da der Kostenunterschied für das Hosting von Node.js und PHP jeweils nur punktuell festgestellt werden kann, muss dieser bei der Entscheidung jeweils vom Anwender selbst erhoben werden. Die vierte Frage lautet daher **„Spielt der Kostenunterschied zwischen den Ihnen vorliegenden Node.js und PHP Hosting Angeboten eine wesentliche Rolle für Sie?"** Zum aktuellen Zeitpunkt sind PHP Hosting Angebote in der Regel günstiger als Angebote für Node.js. Dieser Umstand muss aber nicht immer so bleiben, weshalb für die Antwort „Ja" der günstigere Anbieter zu wählen ist. „Nein" bedeutet, dass weiter analysiert werden muss.

Die drei wesentlichsten K.O. Kriterien sind an diesem Punkt abgeklärt. Ist bis hierhin noch keine Entscheidung gefallen, so kann auf andere Vorteile wie bereits bekannte oder bevorzugte Paradigmen eingegangen werden. Die fünfte Frage lautet deshalb: „**Arbeiten die für das Projekt vorgesehenen Entwickler nach deren Selbsteinschätzung effizienter in ...**". Hier stehen vier Wege zur Auswahl: „PHP" bedeutet, dass PHP geeigneter ist. „Node.js" bedeutet, dass Node.js geeigneter ist. „Entwickler haben keine Erfahrung in PHP und Node.js" bedeutet, dass näher analysiert werden muss. „Ausgeglichen" bedeutet eine Patt Stellung. „Ausgeglichen" kann vorkommen, wenn in einem Entwicklerteam beide Technologien gleich stark vertreten sind. Ist ein einzelner Entwickler für das Projekt vorgesehen, kann „Ausgeglichen" vorkommen, wenn dieser nach seiner Selbsteinschätzung in beiden Programmiersprachen gleich effizient arbeitet.

Für den Fall, dass die wesentlichen Unterscheidungsmerkmale zwischen PHP und Node.js für die Entscheidung nicht relevant sind, und das Entwicklerteam keine Erfahrung in PHP und in Node.js hat, wird die Erfahrung mit klassenbasierter OOP und prototypenbasierter OOP herangezogen. Die sechste Frage lautet daher: „**Arbeiten die für das Projekt vorgesehenen Entwickler nach deren Selbsteinschätzung effizienter in ...**". „Klassenbasierter, objektorientierter Programmierung" bedeutet, dass PHP geeigneter ist. „Prototypenbasierter, objektorientierter Programmierung" bedeutet, dass Node.js geeigneter ist. „Ausgeglichen" bedeutet eine Patt Stellung. Bei der fünften Frage wird auf eine Antwortmöglichkeit wie „Keine Erfahrung in beiden Paradigmen" bewusst verzichtet. Ist bis zu diesem Zeitpunkt keine Entscheidung gefallen, werden nach diesem Entscheidungsbaum PHP und Node.js als gleichermaßen geeignet angesehen.

Kommt es bei den Fragen fünf oder sechs zu einer Patt Stellung, so werden generell beide Technologien als gleichermaßen geeignet angesehen. Zum heutigen Zeitpunkt wird bei einer Patt Stellung dennoch PHP empfohlen. PHP hat aufgrund des längeren Bestehens eine größere Nutzergemeinde angesammelt. Aus einer größeren Nutzergemeinde entstehen einige Vorteile wie bspw. potentiell mehr Entwickler, die man bei einem Problem nach Hilfe fragen kann. PHP kann

[28]

des Weiteren auf eine größere Anzahl an Referenzprojekten zurückgreifen. Zum heutigen Zeitpunkt ist ein viel umfangreicheres Hosting Angebot für PHP vorhanden als für Node.js. Das größere Angebot sorgt zudem für geringere Preise. Ein weiterer Grund, warum bei einer Patt Stellung trotzdem PHP zu empfehlen ist, ist die Menge an Drittsoftware, die für PHP zur Verfügung gestellt wird. Namhafte Content Management Systeme wie Typo3[21] oder Wordpress[22], die weltweite Akzeptanz vorweisen können, wurden für PHP entwickelt. Die Patt Stellung ist somit nur eine Patt Stellung für die K.O.-Kriterien des Entscheidungsbaums. Im Folgenden sehen Sie das Ergebnis dieser Arbeit: Der Entscheidungsbaum.

4.3 Der Entscheidungsbaum

Das Ergebnis dieser Arbeit ist ein Entscheidungsbaum (Siehe Abbildung 10 - Entscheidungsbaum). Er dient als Hilfe zur Technologiewahl in der Anfangsphase von modernen Web Projekten, bei welchen sowohl Node.js als auch PHP als serverseitige Programmiersprache in Frage kommen. Voraussetzung für die Benutzung des Entscheidungsbaums ist, dass bereits im Vorfeld abgeklärt wurde, ob tatsächlich beide Technologien für das Projekt in Frage kommen. Das könnte bspw. nicht der Fall sein, wenn der Kunde explizit eine der beiden Technologien verlangt, da andernfalls die zukünftige Wartung mangels Fachwissen nicht vom Kunden selbst durchgeführt werden kann. **Der Entscheidungsbaum dient somit nur jenen Projekten, welche aus den eigenen Anforderungen heraus keine der beiden Technologien ausschließen.** Der Entscheidungsbaum führt anhand von für Web Projekte relevante Unterscheidungskriterien zur zu bevorzugenden Technologie. Diese Kriterien sind unter sich nach Prioritäten gereiht, sodass die markantesten Unterschiede zuerst behandelt werden. Führt der Entscheidungsbaum zu keiner eindeutigen Entscheidung – sind also beide Technologien gleichermaßen geeignet – wird trotzdem PHP empfohlen (Erklärung siehe Abschnitt 4.2 - Herangehensweise).

---

[21] Typo3 ist ein etabliertes Enterprise Content Management System zur Verwaltung von Inhalten. Mehr Information unter: http://www.typo3.org
[22] Wordpress ein sehr weit verbreitetes Content Management System zur Verwaltung von Inhalten. Mehr Information unter: http://www.wordpress.org

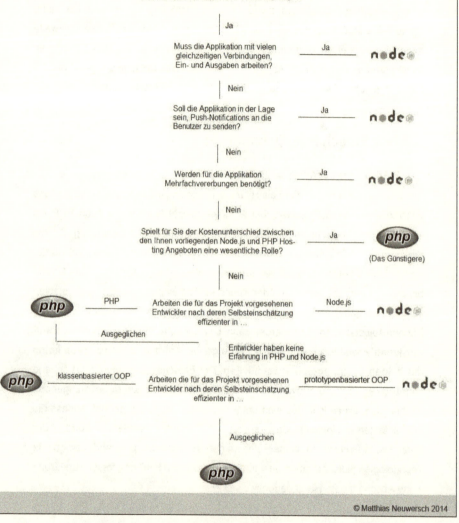

Node.js oder PHP?

Für Ihr Web Projekt kommen sowohl Node.js als auch PHP in Frage, da es keine projektspezifischen K.O. Kriterien wie bspw. unverzichtbare Bibliotheken von Drittanbietern und auch keinen verbindlichen Kundenwunsch bezüglich der Technologien gibt.

Ja

Muss die Applikation mit vielen gleichzeitigen Verbindungen, Ein- und Ausgaben arbeiten? — Ja — node

Nein

Soll die Applikation in der Lage sein, Push-Notifications an die Benutzer zu senden? — Ja — node

Nein

Werden für die Applikation Mehrfachvererbungen benötigt? — Ja — node

Nein

Spielt für Sie der Kostenunterschied zwischen den Ihnen vorliegenden Node.js und PHP Hosting Angeboten eine wesentliche Rolle? — Ja — php (Das Günstigere)

Nein

php — PHP — Arbeiten die für das Projekt vorgesehenen Entwickler nach deren Selbsteinschätzung effizienter in ... — Node.js — node

Ausgeglichen

Entwickler haben keine Erfahrung in PHP und Node.js

php — klassenbasierter OOP — Arbeiten die für das Projekt vorgesehenen Entwickler nach deren Selbsteinschätzung effizienter in ... — prototypenbasierter OOP — node

Ausgeglichen

php

Abbildung 10 - Entscheidungsbaum

5 Zukunftsausblick

Zukünftige Trends in der Webentwicklung können nur schwer vorausgesagt werden. Das Web ist ein sehr schnelllebiges und wandlungsfreudiges Medium. Neue Bedürfnisse können ebenso schnell entstehen, wie bestehende verschwinden können. Im Folgenden wird ein Ausblick auf zukünftige Entwicklungen in der serverseitigen Programmierung gegeben. Dieser Ausblick bietet Anknüpfpunkte für weiterführende Arbeiten.

5.1 Non-blocking I/O Modelle in PHP

Die globale Vernetzung wächst mit jedem Tag. Die Internetnutzung nimmt stetig zu, was die Anforderungen an Webapplikationen und Server erhöht. Facebook zeigt mit über einer Milliarde Nutzern, welche Popularität Web Applikationen erreichen können. Dabei ist es essentiell, dass derart berühmte Applikationen schnell und zuverlässig arbeiten. Aus diesem Grund und aus diesem Bedürfnis heraus wurde Node.js erschaffen. Die Relevanz von asynchroner Ein- und Ausgabenverarbeitung wird aufgrund der stetig steigenden Zahl an gleichzeitigen Verbindungen immer größer.

Sowohl Node.js als auch PHP werden kontinuierlich weiterentwickelt. Während Node.js durch die Verwendung von JavaScript als Skriptsprache auf non-blocking I/O Modelle baut, entstehen für PHP bereits die ersten Module von Drittanbietern, die solche Modelle ermöglichen sollen. Die Nutzergemeinde von PHP erkennt den Trend und versucht Boden gut zu machen. Auch von PHP selbst gibt es bereits erste Schritte. Ab PHP 5.3 existieren callback Funktionen. Solange aber die Sprache selbst auf synchrone Abarbeitung ausgelegt ist, sind diese callback Funktionen nicht annähernd so nützlich, wie Chris Pitt (2012) in seinem Buch *„Pro PHP MVC"* erklärt:

> *„While it is possible to simulate asynchronous execution of PHP code, it will always be synchronous, no matter how swiftley executed or how many requests are served in parallel. In languages like JavaScript, this is overcome by passing functions (or callbacks) that will be executed when the intensive operations are completed. PHP 5.3 also supports*

callbacks, but they aren't nearly as useful, considering the language itself is not built to be nonblocking."

Ob, und wann PHP asynchrone Ein- und Ausgabeverarbeitung unterstützt, bleibt demnach für die Zukunft offen. **Die Entwicklung und Analyse von asynchroner Ein- und Ausgabenverarbeitung in PHP** könnte als Thema für weiterführende Arbeiten genutzt werden.

5.2 Golang und weitere Konkurrenten

Neben Node.js gibt es weitere Frameworks, die mit JavaScript als serverseitiger Programmiersprache den Markt revolutionieren wollen. Dazu zählen bspw. APE[23], Helma[24] und Whitebeam[25]. Auch Aptana[26], der Hersteller der Entwicklungsumgebung „Aptana Studio", veröffentlichte ein ähnliches Projekt unter dem Namen „Jaxer", welches aber wieder eingestellt wurde. Zusätzlich steigt nun auch Google in das Geschehen ein und entwickelt eine eigene Programmiersprache. Golang[27] (oder kurz: „Go") soll die neue Alternative werden, die durch ein etwas anderes Vorgehen den Markt verändern soll. Auf der eigenen Website wird die Stärke der Programmiersprache wie folgt beschrieben: *„Go's concurrency primitives make it easy to construct streaming data pipelines that make efficient use of I/O and multiple CPUs."* (Golang, 2014). Vor allem die angesprochene Unterstützung von „multiple CPUs" soll Go in Zukunft besonders wettbewerbsfähig machen. Feike und Blass (2012) meinen, dass in der Hardwareentwicklung die Steigerung der Taktfrequenz nicht mehr so verfolgt wird, wie die Parallelisierung. Damit ist gemeint, dass Prozessoren nicht mehr schneller werden, sondern mehrere parallel arbeitende Kerne erhalten. Damit ein Programm davon profitieren kann, muss die Parallelisierung vom Programmierer bereits im Entwurf vorgesehen werden. Mittel dafür sind in Sprachen wie C++ oder Java bereits vorhanden. *„Skriptsprachen wie PHP oder Perl sehen hier erst einmal gar nichts vor."* (Feike und Bass, 2012). Die Parallelisierung wird von Google als wichtiger Trend verstanden. Durch diesen Trend könnte Go in Zukunft PHP und

---

[23] Mehr Information zum APE Projekt unter: http://ape-project.org
[24] Mehr Information zu Helma unter http://dev.helma.org
[25] Mehr Information zu Whitebeam unter http://www.whitebeam.org
[26] Mehr Information zu Aptana unter http://aptana.com
[27] Mehr Information zu Googles neuer Programmiersprache „Go" unter: http://golang.org

Node.js Marktanteile abnehmen. **Die Entwicklung von Golang sowie die Unterschiede einzelner Frameworks zur serverseitigen Nutzung von JavaScript**, könnten als Einstiegspunkt für weiterführende Arbeiten genutzt werden.

Literaturverzeichnis

Computer and Communication Systems - Lehrstuhl für technische Informatik der Universität Innsbruck [CCS] (2012). *Socket-Programmierung.* Verfügbar unter: http://www.ccs-labs.org/teaching/rn/2012s/Sockets.pdf [23. Mai 2014]

Elmasri, R.A.; Navathe, S.B. (2002). *Grundlagen von Datenbanksystemen – 3. aktualisierte Auflage.* München: Pearson Studium

Flanagan, David (2007). J*avaScript – Das umfassende Referenzwerk.* Köln: O'Reilly

Gabbrielli, M.; Martini, S. (2010). *Programming Languages: Principles and Paradigms.* London: Springer Verlag

Golang (2014). Go Concurrency Patterns: Pipelines and cancellation. Verfügbar unter: http://golang.org [04. Mai 2014]

Hughes-Croucher, T.; Wilson, M. (2012). *Einführung in Node.js – Skalierbarer, serverseitiger Code in JavaScript.* Köln: O'Reilly

Node (2014). Verfügbar unter: http://www.nodejs.org [16. April 2014]

Ornbo, George (2012). *Sams Teach Yourself Node.js in 24 Hours.* Indianapolis: Sams Publishing

PHP.net (2014). Verfügbar unter: http://www.php.net [05. März 2014]

Pitt, Chris (2012). *Pro PHP MVC.* New York: Apress

Puetz, Christopher. (2005). *The Web Hosting Manager.* North Carolina: Lulu Press Center

Puntambekar, A. A. (2009). *Internet Programming.* Pune: Technical Publication

Rauch, Guillermo (2012). *Smashing Node.js: JavaScript Everywhere.* Trent: John Wiley & Sons

Schmidt, Stephan (2009). *PHP Design Patterns – Entwurfsmuster für die Praxis.* 2. Auflage. Köln: O'Reilly

Shah, Aadit (2013). *Why Prototypal Inheritance Matters.* Verfügbar unter:
http://aaditmshah.github.io/why-prototypal-inheritance-
matters/#the_problem_with_classical_inheritance [02. Mai 2014]

Staas, Dieter (2004). *PHP 5 Espresso.* München (Poing): Franzis

Stender, Peter (2011). *Webprojekte realisieren nach neuesten OOP-Kriterien.*
Wiesbaden: Vieweg + Teubner

Teixeira, Pedro (2012). *Professional Node.js – Building JavaScript-Based
ScalableSoftware.* Trent: John Wiley & Sons

w3schools (2014). SQL Tutorial. Verfügbar unter:
http://www.w3schools.com/sql/default.asp?PHPSESSID=300ae3404d5fa2612f2
38abeebb8869c. [04. Mai 2014].

w3techs (2014). *Usage of server-side programming languages for websites.*
Verfügbar unter:
http://w3techs.com/technologies/overview/programming_language/all. [05.
April 2014].

Weiss, Andres (2011). *HTML für Einsteiger: Ein Grundkurs für Anfänger.*
Norderstedt: Books on Demand GmbH